Henri Delaborde

Les Origines de la Gravure

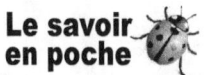

**Le savoir
en poche**

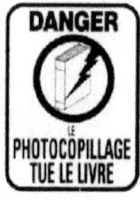
ISBN : 978-1547264827

10 9 8 7 6 5 4 3 2 1

Henri Delaborde

Les Origines de la Gravure

Le savoir
en poche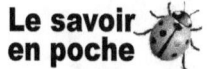

Table de Matières

Introduction

Nous ne voudrions pas médire de l'archéologie, surtout au moment d'aborder nous-même une question archéologique. Il y aurait à la fois de l'ingratitude et de la maladresse à méconnaître les mérites de tant de travaux diversement utiles qu'a suscités de nos jours l'étude des anciens monuments : on serait plus mal venu encore à dédaigner en principe, comme un stérile jeu d'esprit, la science qui reconstitue le passé au profit du présent. De même que, dans l'ordre des choses physiques, c'est la mort qui alimente la vie, la vie et le progrès peuvent aussi, dans le domaine intellectuel, résulter des faits anciens que nous nous approprions, des enseignements et des exemples reconquis sur le temps ou commentés avec une perspicacité plus grande. Il ne faut pas toutefois que ces investigations historiques se résolvent en dissertations à l'usage seulement de quelques érudits ; il ne faut pas que la critique archéologique argumente pour l'unique plaisir de soutenir une thèse, ou qu'une injuste prédilection pour les points secondaires nous distraie des questions fondamentales, des vérités de principe et, pour ainsi parler, de sentiment. L'esprit d'examen à outrance, en faisant une part trop large aux subtilités scientifiques, embarrasse et compromet la cause du beau, à peu près comme l'extrême analyse peut compromettre la foi religieuse. En matière d'art aussi, « le cœur a ses raisons que la raison ne comprend pas, » et l'essentiel est bien moins de supputer les circonstances au milieu desquelles se sont produites les belles œuvres que de nous faire sentir en quoi ces œuvres sont belles et de nous exhorter à les aimer.

L'archéologie peut être pour l'esthétique un auxiliaire utile, nécessaire même en plus d'un cas : elle l'aide à juger non pas des effets, mais des causes, à démêler non pas les mérites d'un travail ou la valeur absolue d'un progrès, mais les caractères relatifs de ce progrès, la signification historique de ce travail. Très propre à seconder la critique, à en provoquer, à en faciliter l'action par les témoignages authentiques qu'elle recueille et les secours matériels qu'elle lui fournit, elle n'a d'ailleurs ni le droit ni le pouvoir de la remplacer, et devient un paradoxe ou un non-sens lorsqu'elle prétend intervertir les rôles. Une ambition de cette espèce est pourtant assez commune aujourd'hui, et il en résulte une double méprise. L'archéologie, en prenant à tâche de se substituer à la critique, se persuade qu'elle suffit pour résoudre les questions dont il lui appartient seulement de préparer l'examen et de poser les termes ; le public de son côté, habitué peu à peu à cette usurpation, finit par l'accepter comme un fait presque légitime, et l'erreur lui coûte ici d'autant moins qu'il la commet le plus souvent sans songer à mal et sur ouï-dire. Peu de gens en effet ont le loisir ou le courage d'affronter directement les problèmes où se complaît la plume facilement loquace des antiquaires : peu d'entre nous songent à se hasarder fort avant dans ce champ de l'érudition pure, dans cette atmosphère qui peut sembler pesante lorsqu'on n'y est pas acclimaté de longue main. Nous voudrions essayer aujourd'hui de pénétrer là où se célèbrent ces mystères de la science, ces jeux austères, un peu pédantesques peut-être, de l'archéologie ; nous voudrions la suivre sur son propre terrain, contrôler les prétentions qu'elle affecte et au besoin juger ses jugements. Les recherches sur les origines de la gravure nous serviront à cet égard d'épreuve aussi bien que de moyen d'introduction. Parmi les questions techniques, il n'en est guère de plus compliquée que celle-là ni de plus difficile en apparence à trancher sans le secours assidu de l'érudition. Aussi les savants n'ont-ils pas ménagé leurs efforts en ce sens et se sont-ils appliqués, souvent même au détriment du reste, à l'étude des documents historiques. Quelle certitude nous ont-ils donnée toutefois, quels, résultats ont-ils obtenus, qui rendent inutile l'intervention de la critique en quête, non plus des traditions écrites ou des timides essais du métier, mais des œuvres consacrées par la main d'un artiste ? De quel côté viendra la lumière complète ? De l'horizon nuageux où s'amoncellent déjà tant de théories, de thèses et de dissertations diverses, ou bien du point mal reconnu encore où brillent les premiers rayons du talent ? Il en va des commencements de la gravure comme de beaucoup d'autres secrets dans l'histoire de l'art. Ces secrets deviennent d'autant plus impénétrables qu'on sacrifie davantage l'esprit à la lettre, l'étude immédiate et naïve des monuments en cause à l'examen des textes qui les interprètent ou de certains faits qui semblent les accuser. Quelles objections tirées des dires ou du silence des historiens n'a pas soulevées de nos jours dans le monde savant l'apparition de ces trois chefs-d'œuvre : la *fresque de San-Onofrio, l'Apollon et Marsyas* de Raphaël et la *Vierge* de Michel-Ange ! Toutes les circonstances propres, de près ou de loin, à en compromettre l'authenticité, tous les arguments en faveur du doute ont été recueillis, produits, commentés par les archivistes jurés et les docteurs. Qu'est-il advenu cependant de ces protestations systématiques ? Les artistes en ne consultant que leur sentiment et leurs yeux, la critique en faisant meilleur marché des souvenirs extérieurs que de la signification intime et de l'excellence pittoresque des trois morceaux remis en lumière ont su voir plus loin et plus juste. On a sagement laissé dire les incrédules, et l'on est allé chercher, on a trouvé la foi dans le spectacle direct des œuvres qu'ils discutaient à distance et le regard fixé sur les livres. Telle est en toute occasion le devoir de la critique, tels sont aussi les services qu'elle peut rendre et l'autorité qui lui appartient : autorité bien secondaire assurément auprès de l'éloquence propre à l'art lui-même, mais plus efficace et plus sûrement sympathique que la puissance de l'archéologie, parce que celle-ci ne résulte après tout que d'un travail minutieux de comparaison, d'efforts auxquels la mémoire a plus de part que l'indépendance de l'esprit et l'initiative personnelle, parce qu'enfin, si elle réussit à corriger nos erreurs matérielles, elle ne suffit ni pour nous préserver d'erreurs plus graves, ni pour nous enseigner de plus hautes vérités.

Et d'ailleurs, en s'imposant la mission de détruire tous les préjugés de détail, d'articuler tous les faits et de restituer toutes les dates, la science moderne n'introduit-elle pas trop souvent la confusion là où elle prétendait rétablir l'ordre ? A force de vouloir nous donner la notion positive des choses, ne court-elle pas le risque de décourager notre zèle ou de lasser notre attention ? Les difficultés dont on hérisse l'histoire de l'art, les menues curiosités, les hypothèses, les démentis aux traditions, tout cela tend plutôt à installer le scepticisme qu'à renouveler utilement nos croyances ; tout cela réussit mieux à alimenter entre initiés la controverse qu'à intéresser le public aux questions qui importent, aux actes hautement méritoires et aux progrès de l'art lui-même. La gloire de l'école française par exemple s'est-elle beaucoup accrue de l'exhumation de certains titres où figurent les noms d'artistes dont nul ouvrage n'a survécu ? Le mal n'était pas grand peut-être d'avoir, pendant trois siècles, négligé quelque peu la mémoire des Coppin et des Bourdichon, ou de ne posséder jusqu'à ce jour aucun document authentique concernant Roboam Desgodets. Que gagnons-nous en revanche à ne plus savoir le nom du sculpteur de l'*amiral Chabot* ? Depuis qu'on a entrepris de prouver que Jean Cousin n'était pas l'auteur de ce chef-d'œuvre, et, par surcroît, qu'il n'avait jamais manié le ciseau, — le tout parce que les comptes et les marchés du temps ne parlent expressément ni du monument, ni de l'artiste, — pourquoi ne remettrait-on pas aussi bien en question tous les travaux et tous les maîtres auxquels manque un pareil certificat d'origine ? Depuis que les amours, fort accréditées pourtant, de Raphaël et de la Fornarina sont devenues une fable et les confidences de Vasari sur ce point autant de mauvais propos, de quel droit veut-on que nous ajoutions foi aux autres assertions du biographe ? Il nous faudra tenir pour des traditions controuvées le meurtre de Domenico Veneziano ou les démêlés de Jules II et de Michel-Ange, tant qu'on n'aura pas mis sous nos yeux les procès-verbaux des audiences accordées par le pape à celui-ci et l'acte de décès de celui-là. Parlons sérieusement. La critique a mieux à faire qu'à hanter les greffes : elle doit aux musées surtout son attention et son temps. L'histoire de l'art et des artistes ne saurait être seulement la transcription des registres de l'état civil ou le recueil des contrats passés entre les acheteurs et les vendeurs. Que l'on contrôle les témoignages et les dates, rien de plus légitime, de plus utile même, toutes les fois qu'il s'agit de quelque progrès essentiel, de quelque série d'œuvres intéressant directement la gloire d'un maître ou d'une école ; mais de grâce laissons en paix les ossements muets pour écouter les morts dont l'âme parle et vit dans le marbre ou sur la toile. Demandons à l'art ses titres de noblesse et non pas ses archives bourgeoises, aux artistes les preuves de talent qu'ils ont fournies et non le chiffre des sommes qu'ils ont reçues. À plus forte raison devons-nous étudier avec réserve certaines questions, certains problèmes dont l'attrait principal est dans leur obscurité même, et qui, en servant de thème à toutes les fantaisies scientifiques, demeurent aussi bien contraires à l'art que stériles en renseignements sur les personnes. Prétendre en pareil cas rapprocher les diverses opinions qui se sont produites, apprécier la valeur de chaque système et la vraisemblance de chaque conjecture, c'est vouloir étouffer sous une érudition inutile l'instinct que Dieu nous a donné pour reconnaître et goûter les œuvres du génie. C'est procéder à peu près comme ferait un homme qui, en lisant Dante, consulterait à chaque vers les innombrables commentaires dont on a surchargé la pensée du poète : il perdrait sûrement à ce jeu l'émotion personnelle, le sens des intentions générales et l'intelligence sincère du sujet.

Parmi ces questions embrouillées, la recherche des origines de la gravure est peut-être celle qui semble avoir le moins lassé la constance des historiens de l'art. Aujourd'hui encore, après tant de longues discussions, de plaidoyers et d'arrêts en tous sens, elle a le privilège de passionner au dehors l'amour-propre national, de susciter en France des efforts d'érudition aussi zélés, aussi patients que jamais. On pourrait désirer toutefois, il nous paraîtrait en effet préférable que cette persévérance dans l'étude et cette sagacité critique fussent employées à la défense d'intérêts plus généraux et plus actuels. Au moment où la gravure est menacée de si près par la photographie, convient-il de laisser le champ libre à de tels envahissements pour se réfugier dans le domaine des curiosités archéologiques et s'amuser à y deviner des énigmes ? N'est-ce pas donner raison à ceux qui ne veulent voir dans les œuvres du burin qu'un mode d'expression suranné, un procédé matériel désormais anéanti par le progrès ? Si la gravure a fait son temps, comme on le dit, s'il ne reste plus qu'à prononcer l'oraison funèbre de l'art, parlez-nous du défunt pour consacrer les vertus de son âge viril et non les niaiseries ou les erreurs, de son enfance. Au lieu de rechercher si la gravure, en tant que moyen industriel, est née ici ou là, si certains produits d'une imagerie grossière appartiennent précisément à telle année du XVe siècle ou à telle autre, il y aurait plus d'opportunité à nous expliquer, par les œuvres qu'ont laissées les maîtres, les hautes conditions de la gravure, à nous rappeler ses titres véritables, à faire enfin justice aussi bien des faux progrès que de nos dédains.

Les recherches récentes sur les origines- de la gravure ne contribueront pas fort puissamment, je le crains, à corriger nos erreurs sur ce point et à modifier nos tendances. Elles ont en général le tort d'exagérer la valeur des monuments que leur ancienneté seule recommande et d'introduire dans l'histoire de l'art l'élément archéologique à si forte dose que d'autres principes essentiels y demeurent sans influence sensible et sans action. Dans ce nouveau *Peintre-Graveur* où M. Passavant s'est proposé de compléter le vaste travail que Bartsch publiait, il y a près de soixante ans, sous le même titre, la description étendue d'une multitude de pièces infimes ne laisse pas de réduire singulièrement la part qu'il convenait d'attribuer aux témoignages sérieux du talent. En énumérant une à une tant de chétives productions, M. Passavant a prouvé son érudition sans nul doute, mais il a fait preuve aussi d'une partialité regrettable, puisqu'elle tend à nous désintéresser de l'art au profit du métier. Le savant écrivain d'ailleurs ne porte-t-il pas lui-même la peine de cette curiosité excessive ? Son attention, trop longtemps concentrée sur des objets secondaires, se fatigue ensuite et se trouble en face d'objets plus imposants. De là une disproportion, qui autrement serait sans excuse, entre les longs commentaires dont il a honoré les moindres essais de tel imagier anonyme et l'examen succinct des travaux dus à la main d'un maître ; de là plus d'un jugement irréfléchi, plus d'une appréciation erronée : témoin la qualification de « dessinateur plein d'esprit » donnée en passant, et comme s'il s'agissait de Cochin ou d'Eisen, à l'un des plus grands artistes italiens, à Mantegna lui-même. Quoi ! il n'avait que « de l'esprit, » celui dont le pinceau nous a légué, entre autres nobles ouvrages, les fresques de l'église *degli Eremitani* à Padoue, le *Triomphe de Jules César* à Hampton-Court, la *Vierge de la Victoire* au musée du Louvre, et dont le burin n'a pas tracé un contour, pas exprimé une forme qui n'atteste l'élévation la plus rare du sentiment et du goût ! Que dire encore de ces lignes si injustement sévères où Girolamo Mocetto, l'élève et quelquefois, le rival de Jean Bellin, est traité tout uniment de graveur malhabile, qui « ne montre aucune finesse ni maîtrise du burin ? » Ne croirait-on pas qu'on a affaire ici à quelqu'un de ces pauvres ouvriers dont M. Passavant nous parlait trop complaisamment tout à l'heure ? Et par quelle singulière contradiction cette inexpérience de l'outil, qui le choque absolument dans des œuvres d'ailleurs magistrales, le trouve-t-elle si indulgent pour les pièces où un pareil défaut apparaît ; sans compensation ? Nous l'avons dit, les préférences que manifeste l'auteur du *Peintre-Graveur* s'expliquent par ses études mêmes et par ses efforts, un peu plus assidus que de raison, pour ajouter à la somme des faits acquis quelques nouveaux faits historiques. Reste il savoir si la passion archéologique né se complique pas chez lui d'inclinations d'une autre sorte, et si l'empressement patriotique avec lequel il tranche au profit de l'Allemagne les questions douteuses d'origine et de provenance n'est pas aussi préjudiciable parfois à l'autorité de l'écrivain que l'est en général son goût trop exclusif pour l'époque des incunables et pour les petites curiosités de l'imagerie.

Le dernier travail d'un autre érudit que la mort frappait récemment, l'*Histoire*, publiée par M. Renouvier, *de l'origine et des progrès de la gravure dans les Pays-Bas et en Allemagne jusqu'à la fin du quinzième siècle*, n'a pas, à beaucoup près, ce caractère d'insuffisance au point de vue de l'art et d'excès dans le sens des développements scientifiques. On peut dire toutefois que, avec plus de mesure dans les recherches et plus d'équité dans les appréciations, quelque chose se retrouve ici de cette prédilection pour les raretés à laquelle les iconographes devraient d'autant moins s'abandonner aujourd'hui que la popularité s'éloigne davantage des œuvres consacrées et de l'art lui-même. M. Renouvier avait fait ailleurs ses preuves de bon juge et de critique utile. Ses considérations sur *les Types et les Manières des maîtres graveurs*, — le meilleur ouvrage en ce genre qui ait été écrit en France depuis l'*Abecedario* de Mariette, — nous donnent, sous des formes littéraires un peu trop flottantes il est vrai, des enseignements et des avis facilement profitables à tout le monde. Si donc, dans son nouveau travail, M. Renouvier a paru rechercher un succès plus étroitement limité, s'il s'est appliqué surtout à retrouver des dates et à analyser de vieux monuments avec une patience dont les initiés à peu près seuls lui tiendront compte, la faute en est beaucoup moins sans doute à ses propres goûts qu'aux exigences mêmes et à l'aridité de son sujet. Osons dire toute notre pensée, dût un tel aveu scandaliser plus d'une docte conscience : ces enquêtes sur l'époque précise où les premiers essais de gravure s'accomplirent, ces efforts pour recueillir des témoignages infirmant l'opinion qui attribue la découverte à Maso Finiguerra, tout cela nous semble au fond assez oiseux et très peu compromettant pour la gloire de l'orfèvre florentin. Finiguerra est en réalité l'inventeur de la gravure, puisque, en se servant du nouveau procédé, il a su faire acte d'artiste là où ses devanciers ou ses contemporains n'avaient laissé pressentir qu'une vulgaire adresse de manœuvre. Il mérite sa renommée au même titre que Gutenberg, qui ne fit, lui aussi, que trouver le secret d'un perfectionnement décisif, au même titre que Cimabue, le vrai fondateur de la dynastie des maîtres et le premier peintre, à vrai dire, qui ait paru dans les temps modernes, bien que la peinture ne fût rien moins qu'une nouveauté à l'époque où il naquit. Que *la Paix* de Florence ne soit pas, à ne consulter que la chronologie, le premier monument de la gravure, je le veux bien. Toujours est-il qu'aucun des essais antérieurs, aucune des pièces dont on s'arme comme d'arguments péremptoires pour ruiner la tradition accréditée, ne permettrait même de soupçonner ce que nous montre cette estampe si justement célèbre, et que par conséquent celui qui l'a faite, au lieu de rien usurper, a tout conquis.

Il y a peu d'années encore, les droits de Finiguerra n'étaient plus contestés par personne. Depuis que l'abbé Zani avait, dans une de ses visites au cabinet de Paris, reconnu, vers la fin du siècle dernier, une épreuve de la *Paix*, gravée et niellée en 1452 par l'orfèvre florentin, — épreuve nécessairement tirée avant que le mélange métallique qui devait constituer l'effet du nielle se fût incrusté dans les tailles creusées par le burin, — les querelles sur les origines de la gravure semblaient apaisées pour jamais, et les prétentions de l'Allemagne à ce propos réduites une fois pour toutes au silence. On se tut en effet pendant un demi-siècle, mais pour discuter ensuite de plus belle, pour remettre en question, sinon l'authenticité même d'un fait qui ne souffrait pas de réplique, au moins la signification et la portée de ce fait principal. On découvrit, on produisit, accompagnées de force commentaires, des estampes antérieures de plusieurs années à celle de Finiguerra. Tout récemment, une *Passion* datée de 1446 et appartenant à M. Renouvier venait déposséder les nielles italiens de leur rang de doyens des monuments de la gravure sur métal, comme certaines pièces trouvées en Belgique et en Allemagne enlevaient au *Saint Christophe* de 1423 sa vieille réputation de spécimen absolument primitif de la gravure sur bois. Que penser de ces découvertes et des conséquences qu'elles peuvent avoir pour l'histoire de l'art ? Même en acceptant comme parfaitement concluants, au point de vue historique, les nouveaux témoignages que l'on invoque, en admettant de bonne grâce que les dates signalées déterminent effectivement l'âge des estampes qui les portent, au lieu de reproduire simplement le millésime inscrit sur le tableau ou sur le dessin original, — on n'en serait pas moins autorisé à n'attacher qu'une importance secondaire aux documents exhumés par la science moderne et aux progrès qu'ils semblent favoriser. Ces progrès toutefois, il convient de les résumer, ne fût-ce que pour acquérir le droit de rester ensuite étranger au débat, et de revenir en sûreté de conscience aux talents manifestes, aux œuvres qui s'expliquent d'elles-mêmes, aux maîtres qu'on peut admirer sans le secours exprès de l'archéologie. Examinons donc à notre tour la question en litige, sauf à en simplifier les termes et à tirer de l'examen cette conclusion, que, si reculés que soient, dans l'ordre chronologique, les premiers essais de gravure, la gravure n'a véritablement commencé d'exister qu'à partir du moment où les preuves purement historiques font place à des preuves plus significatives, à l'expression sans équivoque du goût pittoresque et du talent.

I. — Gravure sur bois

Quelles qu'aient pu être entre les iconographes les divergences d'opinion sur les faits de détail, un fait général demeure pour tous à l'état de principe et de vérité incontestable : c'est que les procédés de la gravure sur bois étaient employés antérieurement à la pratique de la gravure sur métal. Quel intervalle toutefois sépare les deux découvertes ? A quelle époque se rattache l'invention de la gravure sur bois, ou si ce procédé, comme on l'a dit souvent, est d'origine asiatique, à quelle époque fut-il importé en Europe ? C'est ce qu'il serait au moins imprudent de prétendre déterminer. Les conjectures de toute sorte, les propositions contradictoires, ne manquent pas sur ce point ; mais les érudits ont eu beau rassembler des témoignages, interpréter des textes, tirer des inductions : le problème n'en est pas plus sûrement résolu pour cela, ou plutôt le nombre et la diversité des opinions émises n'ont guère réussi jusqu'à présent qu'à rendre la conviction plus difficile et le doute plus excusable. À force de remonter aux causes premières et d'interroger l'antiquité sur les origines de la gravure et de la typographie, les écrivains techniques ont singulièrement élargi parfois le sens des traditions et confondu trop volontiers de simples accidents matériels avec les premiers symptômes de l'art, Était-on par exemple dûment autorisé à relier la série des graveurs modernes aux hommes qui, « même avant le déluge, gravaient sur les arbres l'histoire des temps, des sciences et de la religion [1] ? » Suffisait-il, d'autre part, qu'un historien eût mentionné certaine ruse à peu près typographique du roi de Sparte Agésilas, pour qu'on n'hésitât pas à ranger celui-ci parmi les ancêtres de Gutenberg ? Il est possible que, dans un sacrifice offert aux dieux à.la veille d'une bataille décisive, Agésilas ait eu l'adresse de tromper ses soldats en imprimant sur le foie de la victime le mot *victoire*, préalablement écrit à rebours dans la paume de sa main. En tout cas, une pareille supercherie n'intéresse l'art que d'assez loin, et s'il fallait considérer le héros grec comme l'inventeur de la typographie, il faudrait aussi convenir que l'on a bien tardé à profiter de ses exemples, puisque la découverte n'est devenue féconde qu'au bout de dix-huit siècles. On nous permettra donc de laisser de côté les hypothèses sur le principe même de cette découverte, pour tenir compte seulement des faits qui semblent accuser, non plus un vague pressentiment de ses ressources futures, mais une pratique raisonnée et continue de ses procédés, une fois définis. Vers quel moment les produits de la gravure sur bois, multipliés par l'impression, ajoutèrent-ils aux autres moyens de l'art un moyen nouveau et destiné à une popularité prochaine, voilà ce qu'il suffira de rechercher, tel est le point de départ qu'il convient de choisir ici, sans remonter à des informations d'autre sorte, à des spéculations archéologiques que légitimeraient plus ou moins certains passages de Cicéron, de Quintilien, de Pétrone, de saint Jérôme, et, — mieux qu'aucun autre écrit peut-être, — quelques phrases de Pline sur les livres ornés de portraits que possédait Marcus Varron.

En se proposant d'ailleurs de n'envisager la question historique qu'à partir d'une époque relativement moderne, on n'est sûr pour cela d'obtenir ni des garanties tout à fait suffisantes, ni des notions tout à fait précises. Même réduite à ces termes, une pareille question est assez compliquée encore pour alimenter la controverse, assez vaste pour donner place à la tradition légendaire aussi bien qu'à l'aperçu critique. Que la xylographie, c'est-à-dire l'art d'imprimer sur papier des figures et des caractères fixes taillés dans une planche de bois, ait précédé l'invention de l'imprimerie en caractères métalliques et mobiles, — cela, il est vrai, ne saurait être mis en doute. Des pièces à date authentique, telles que le *Saint Christophe* de 1423 et quelques estampes gravées dans le cours des années suivantes, prouvent avec une autorité irrécusable l'antériorité du procédé xylographique. Reste à savoir si ces pièces sont les premières que l'on ait gravées en Europe. Marquent-elles le début de l'art ou seulement l'un de ses progrès ? Sont-elles, en un mot, des types sans précédents, ou n'ont-elles eu que la bonne fortune de survivre à d'autres monuments plus anciens de la gravure sur bois ? Suivant Papillon, qui rapporte à ce propos je ne sais quelle anecdote au moins suspecte, les premiers essais auraient eu lieu à Ravenne avant la fin du XIIIe siècle. Deux enfants de seize ans, un chevalier Albéric Cunio et sa sœur jumelle Isabelle, se seraient avisés, en 1284, de graver sur bois « à l'aide d'un petit couteau » et d'imprimer, — par quelque procédé aussi simple apparemment, — une suite de compositions sur les *chevaleureux faits du grand Alexandre*. Les parents et les amis des deux jeunes graveurs reçurent chacun un exemplaire de ces compositions, puis tout fut dit sur la découverte jusqu'au jour où Papillon en retrouva miraculeusement les traces dans la bibliothèque d'un officier suisse retiré à Bagneux. Par malheur, sa trouvaille une fois faite, Papillon se contenta de la décrire. Il ne songea ni à lui assurer une publicité plus concluante, ni même à s'enquérir des destinées de ce livre que lui seul avait vu. Le recueil des *chevaleureux faits du grand Alexandre* disparut de nouveau, et cette fois pour ne plus reparaître. Faute de tout moyen de contrôle, le plus sûr est donc de n'accorder qu'un médiocre crédit à l'habileté précoce des jumeaux de Ravenne, à leurs essais xylographiques et aux assertions de leur panégyriste, bien que des juges très compétents, l'abbé Zani et M. Émeric David, n'aient pas hésité à admettre le tout comme suffisamment authentique.

Le savant Zani avait, je l'accorde, ses raisons pour croire à ce sujet Papillon sur parole : s'il se fût agi d'un fait tendant à établir la préexistence de la gravure en Allemagne, il l'eût probablement examiné de plus près et avec une confiance moins empressée ; mais la gloire de l'Italie se trouvait ici directement en cause, et Zani, si honnête homme qu'il fût, ne se sentait pas d'humeur à accueillir froidement, encore moins à rejeter un témoignage qui pouvait, faute de mieux, consoler son amour-propre national et jusqu'à un certain point le venger de ce que les Italiens appelaient « la vanité germanique. » Orgueil eût été mieux dit, car, en ce qui concerne les débuts de la gravure sur bois, les prétentions de l'Allemagne se fondent sur des titres plus sérieux, sur des documents beaucoup plus positifs que les documents décrits par Papillon et commentés à tout hasard par Zani. Heinecke et les autres iconographes de son pays apportent sans doute dans la critique des habitudes un peu hautaines, un zèle patriotique parfois excessif ; il n'en est pas moins vrai que le plus souvent ils citent à l'appui de leurs opinions, non pas des traditions, mais des pièces, et que la plupart de ces pièces sont visiblement allemandes. Si quelques-unes d'entre elles ne justifiaient pas suffisamment l'origine qu'on leur attribue, ce ne serait pas en tout cas à l'Italie, ce serait à la Flandre ou à la Hollande qu'il faudrait les restituer.

Dans ce conflit de rivalités et de revendications nationales, les écoles des Pays-Bas en effet auraient, elles aussi, des droits à faire valoir et leur part d'honneur à réclamer. Qui sait même ? Ces droits, assez généralement méconnus vers la fin du siècle dernier, peut-être doit-on les admettre aujourd'hui de préférence à tous les autres ; peut-être, dans cette obscure question de priorité, les présomptions sont-elles favorables surtout au pays qui fournit à un art en parenté avec la gravure ses premiers éléments et ses premiers modèles. Je m'explique : il nous messiérait à tous égards de prétendre donner ici un historique détaillé des débuts de l'imprimerie. Après tant de travaux approfondis sur ce sujet, après les éclaircissements historiques donnés par MM. Léon de Laborde, Bernard, plus récemment encore par M. Paeile, auteur d'un remarquable *Essai sur l'invention de l'imprimerie*, ce serait vouloir de gaieté de cœur tomber dans les redites et se parer d'érudition à peu de frais. Toutefois la découverte de la gravure tient de si près à la découverte de l'imprimerie, les moyens matériels ont entre eux une telle analogie qu'il est nécessaire de rappeler au moins quelques faits et de rapprocher quelques dates, sauf à réduire aux proportions d'une esquisse le tableau tracé par d'autres mains.

Si l'on entend par le mot « imprimerie » la typographie proprement dite, en d'autres termes l'art qui consiste à transporter sur le papier un texte composé de types en relief, métalliques et mobiles, nul doute que l'invention de l'imprimerie ne doive dater du jour où eut lieu à Mayence l'invention de la fonte des caractères dans un moule au fond duquel le type à reproduire avait été frappé à l'aide d'un coin d'acier. Gutenberg, à qui appartient l'idée de ce perfectionnement décisif, est par conséquent le plus ancien des imprimeurs ; les *Lettres d'indulgence* de 1454 et la *Bible* sont les plus anciens monuments de l'art qui se personnifie en lui. On peut dire pourtant, en généralisant le sens du mot, qu'avant Gutenberg, ou du moins avant l'époque où il imprimait ces chefs-d'œuvre typographiques, l'imprimerie était découverte, car on n'ignorait dès lors ni le secret de tirer des épreuves d'un texte composé de types fixes gravés sur un bloc unique, ni même le secret de varier la composition de ce texte en employant, non plus un ensemble de lettres taillées et alignées dans un ordre immuable, mais bien des types isolés et se prêtant aux combinaisons les plus diverses. Il faut s'en rapporter sur ce point au témoignage de l'un des ouvriers de Gutenberg, Ulrich Zell, qui, loin d'attribuer à son maître l'invention absolue des types mobiles, ne fait qu'opposer au procédé connu et pratiqué dans les Pays-Bas avant la seconde moitié du XVe siècle « le procédé tout autrement subtil et habile (la fonte des caractères) que l'on trouva plus tard. » Et Ulrich Zell ajoute : « La première idée de cette invention a été prise en 1440 dans les *Donats* [2] qu'on imprimait avant ce temps en Hollande. » Or, si ces *Donats*, comme le fait remarquer M. Léon de Laborde, n'avaient pas été imprimés au moyen de types mobiles, à quoi bon les citer de préférence à tant d'autres pièces contemporaines qui auraient pu tout aussi bien servir d'exemples à Gutenberg ? Pourquoi l'élève de celui-ci, en remontant aux origines de la découverte, ne dit-il rien de ces images avec légendes taillées suivant les procédés xylographiques qui se vendaient dans toutes les villes sur les bords du Rhin, et que le futur inventeur de l'imprimerie avait eu cent fois l'occasion de voir et d'étudier ? Il fallait, pour que son attention se concentrât ainsi sur un seul objet, qu'un mérite tout particulier, un progrès véritable dans le mode d'exécution, distinguassent des autres produits les *Donats* imprimés à Harlem ; il fallait que Laurent Coster, — c'est le nom que l'on donne à l'inventeur du procédé amélioré par Gutenberg, — eût déjà mis en pratique une méthode plus proche qu'aucune autre des perfectionnements qui allaient ouvrir l'ère nouvelle et marquer le terme de tous les essais. Que l'on suppose le contraire, on ne s'explique plus les paroles d'Ulrich Zell ni le genre de supériorité qu'elles semblent accorder à ces livres hollandais où Gutenberg puisa « la première idée de son invention. » On s'expliquera plus difficilement encore, si ces *Donats* ont été imprimés sur des planches fixes, comment, dans les fragments qui subsistent, il se trouve des lettres renversées. Rien de moins extraordinaire qu'une pareille faute pour peu qu'on l'attribue à la distraction d'un compositeur d'imprimerie, mais la méprise eût été vraiment trop forte sous la main d'un ouvrier xylographe. En vertu de quel caprice en effet celui-ci se serait-il avisé de graver des lettres la tête en bas, c'est-à-dire de pécher non par oubli involontaire, non par inadvertance, mais par une sorte d'injure calculée au bon sens et d'infidélité à sa tâche ? — Non, il convient de voir dans la découverte qui a immortalisé Gutenberg la conclusion et le couronnement d'une série d'efforts tentés en dehors de ses propres recherches. Toute proportion gardée entre l'insuffisance des types mobiles, soit en bois, soit en quelque autre matière, employés d'abord par les Hollandais, et la perfection des premiers spécimens de l'imprimerie allemande, il faut admettre qu'avant l'époque où parurent les *Lettres d'indulgence*, la *Bible* et les autres ouvrages sortis des ateliers de Gutenberg et de ses associés, des essais de véritable typographie avaient été déjà poursuivis et, dans une certaine mesure, récompensés par le succès ; que, de l'aveu même d'Ulrich Zell, aveu reproduit par le chroniqueur anonyme de Cologne, on vit dans la ville de Harlem « la première ébauche de l'art » (*præfiguratio*) ; enfin, que, comme le moyen typographique employé pour l'impression des *Donats*, l'idée d'associer aux figures gravées sur le bois des textes composés à part et formés de types mobiles appartient, selon toute apparence, à la Hollande.

Un des plus anciens recueils avec texte imprimés suivant ce procédé est le *Speculum humanæ salvationis* qu'Adrien Junius a signalé le premier. [3] dans l'ouvrage intitulé *Batavia*, qu'il écrivait, à ce que l'on croit, de 1560 à 1570, mais qui ne fut publié qu'en 1588, plusieurs années après la mort de l'auteur. Il y est dit formellement que le *Speculum* fut imprimé avant 1442 par Lourens Janszoon Coster. Junius, il est vrai, mentionne là des faits antérieurs de plus d'un siècle à l'époque où il parle, et seulement sur la foi « d'hommes fort âgés qui avaient recueilli cette tradition comme un flambeau ardent qu'on se passe de main en main. » Aussi ce récit tardif a-t-il paru et peut-être paraîtra-t-il encore suspect à quelques-uns. Bien que nous ne partagions nullement leur défiance, nous n'insisterons pas. À côté des légendes et des commentaires, les pièces subsistent ; ce sont elles qu'il importe surtout d'interroger.

On connaît quatre éditions du *Speculum*, deux en langue hollandaise, deux en langue latine. Il est bien entendu que nous parlons seulement des éditions qui ne portent ni nom d'imprimeur, ni date, ni désignation du lieu où elles ont été publiées, le *Sprculum*, sorte de manuel chrétien fort en usage dans les Pays-Bas, en Allemagne et en France, ayant été réimprimé nombre de fois avec des indications de cette sorte à partir des vingt dernières années du XVe siècle. Disons pourtant que la plus ancienne édition hollandaise datée, celle de 1483, imprimée par Jean Veldenaer, reproduit les gravures qui ornaient d'abord les quatre éditions anonymes, — avec cette différence qu'ici les planches ont été sciées en deux, pour s'ajuster aux dimensions d'un format plus petit. Voilà donc un fait positif, quelles que puissent être d'ailleurs les conjectures sur l'époque de la publication première. Puisque les planches originales n'apparaissent plus que coupées dans les exemplaires imprimés par Jean Veldenaer, il est clair que les quatre éditions où ces planches se trouvent entières sont antérieures à l'année 1483. Sont-elles antérieures aussi à la seconde moitié du XVe siècle, c'est-à-dire à l'époque où Gutenberg mettait en lumière les résultats de ses travaux, et, comme les *Donats*, sont-elles sorties d'un atelier hollandais ? Quant à ce dernier point, le doute, ne semble guère possible. Est-il présumable en effet que ces quatre éditions, imprimées avec les mêmes figures, sur le même papier de fabrique brabançonne, et dans les mêmes conditions typographiques, — sauf quelque différence entre les caractères des deux éditions hollandaises, et l'intercalation dans l'une des deux éditions latines de vingt feuillets imprimés suivant le procédé purement xylographique, — est-il vraisemblable que ces livres appartiennent à l'Allemagne, comme on l'a prétendu ? Passe encore s'il ne s'agissait que des exemplaires en langue latine ; mais les exemplaires en langue hollandaise, on ne saurait supposer qu'ils aient été publiés ailleurs qu'en Hollande, et l'origine de ceux-ci une fois reconnue, le moyen d'expliquer autrement que par l'ignorance des procédés qu'allait populariser Gutenberg l'imperfection typographique de l'ouvrage ? D'ailleurs, suivant M. Paeile, juge très compétent en pareille matière, la traduction hollandaise du *Speculum* « est écrite dans le pur dialecte de la Nord-Hollande, tel qu'il se parlait dans ces contrées vers la fin du XIVe siècle et dans les premières années du XVe. » Ainsi, en s'autorisant seulement du caractère de l'impression et des particularités de l'idiome, on peut, sans s'aventurer beaucoup, placer la date de la publication entre le premier et le second quart du XVe siècle. Ajoutons que les costumes des figures sont analogues aux costumes de la cour de Philippe le Bon, que le goût du dessin rappelle le style inauguré par les van Eyck, et que le contraste est sensible entre l'imperfection typographique du livre et le mérite des planches dont il est enrichi. L'art, et un art assez avancé déjà, assez sûr de lui-même, se montre en regard d'une industrie bien inexpérimentée encore : témoignage remarquable des progrès accomplis dans la pratique de la gravure sur bois avant même que la typographie eût dépassé la période des tâtonnements et des tentatives rudimentaires. C'est là, dans la question qui nous occupe, le point capital, le fait essentiel à constater.

La découverte de l'imprimerie procède sans doute des exemples fournis par la gravure sur bois, et sans doute aussi les premiers essais typographiques s'accomplirent en Hollande ; mais quand Coster ou tout autre précurseur de Gutenberg frayait tant bien que mal la voie à celui-ci, la peinture et les arts qui s'y rattachent avaient acquis dans les Pays-Bas un développement que, l'Italie exceptée, l'art d'aucun pays n'avait pris encore. Parmi les Allemands contemporains de Hubert et de Jean van Eyck, quel rival trouverait-on à opposer à ces deux maîtres, quel chef d'école dont l'influence ait été aussi notoire et l'enseignement aussi fécond ? Tandis que, de l'autre côté du Rhin, des artistes peu dignes de ce nom, des imagiers sans talent continuaient la tradition et les formules gothiques transmises par leurs devanciers, l'école de Bruges renouvelait ou plutôt constituait l'art national, et dès le commencement du XVe siècle la révolution était accomplie déjà dans cette école qu'honoraient alors les van Eyck, que Hemling allait bientôt achever d'illustrer. Quelques années encore, et l'Allemagne, il est vrai, pourra se glorifier d'un succès à peu près pareil ; mais le mouvement ne se détermine qu'après la seconde moitié du siècle. Tout jusque-là reste immobile, tout accuse des doctrines indigentes, une impuissance en quelque façon systématique. Si l'on juge par exemple de l'état de l'art allemand à cette époque sur des œuvres comme le *Saint Christophe* de 1423, nul doute que de tels spécimens, rapprochés des productions contemporaines de l'école flamande, ne démontrent avec évidence la supériorité de celle-ci. Quoi de plus naturel dès lors que là où l'habileté des peintres, des orfèvres, de tous les artistes en général, l'emportait si ouvertement sur le mince savoir-faire des hommes nés dans un pays voisin, les graveurs, eux aussi, aient devancé les progrès qui allaient s'accomplir ailleurs, et pris rang les premiers dans l'histoire de l'art ? Les preuves manquent, dira-t-on ; soit. Nous ne nous autorisons ni de la découverte de la *Vierge* conservée aujourd'hui à la bibliothèque de Bruxelles et portant le millésime de 1418, puisque l'authenticité de cette date, sans équivoque pourtant à nos yeux, a été contestée, ni de quelques pièces anonymes qu'il semblerait assez juste de restituer à la vieille école des Pays-Bas [4]. Jusqu'à présent, l'Allemagne seule est en mesure de produire un titre au-dessus du soupçon. Avec son imposante date de 1423, ses droits consacrés et sa réputation officielle, le *Saint Christophe* garde des privilèges devant lesquels il n'y a qu'à s'incliner. Suit-il de là que les gravures sur bois du Speculum soient nécessairement plus récentes, et parce qu'une estampe allemande pourvue de sa date a survécu, faut-il en conclure que rien ne s'était produit en dehors de l'Allemagne à cette même date ? Ne faut-il pas reconnaître surtout que les planches du *Speculum* semblent presque des prodiges de science et d'habileté auprès du *Saint Christophe*, que l'artiste qui les a exécutées avait pu et dû se former de longue main à bonne école, qu'en un mot un art ne débute pas ainsi, et que, à supposer même que ces pièces n'aient paru qu'après l'estampe allemande, un certain temps s'était écoulé sans doute durant lequel les progrès qu'elles résument avaient été préparés et poursuivis ?

On peut donc raisonnablement penser que, dès les premières années du XVe siècle, les graveurs sur bois des Pays-Bas commencèrent, sous l'influence des van Eyck, à s'initier aux conditions de l'art proprement dit, et que, comme les imprimeurs leurs compatriotes, ils tracèrent la route que d'autres allaient achever de débarrasser et d'aplanir. Il est à remarquer toutefois que la gravure sur bois et l'imprimerie ne suivent point partout, à leurs débuts, une marche parallèle, et qu'elles sont loin de traverser dans le même ordre la série des épreuves et des perfectionnements. En Allemagne, tant que Gutenberg n'a pas trouvé le dernier mot du procédé typographique, tant qu'il n'en a pas popularisé les derniers secrets, peintres, dessinateurs, graveurs, tous s'immobilisent dans la routine ; tous, depuis l'auteur du *Saint Christophe* jusqu'aux imagiers qui travaillent trente ans après lui, n'ont que des intentions et une pratique invariablement grossières. L'art allemand semble attendre, pour prendre son essor, que l'industrie lui ait donné l'exemple. Encore s'obstinera-t-il quelque temps dans sa barbarie première après la révolution opérée à côté de lui : les ouvriers tailleurs de bois n'acquerront pas tout d'abord la même habileté que les ouvriers typographes employés par Gutenberg et par Fust. Dans les Pays-Bas au contraire, c'est la régénération de l'art qui précède les premiers perfectionnements mécaniques, et lorsque ceux-ci sont en voie de s'accomplir, lors même qu'une découverte suprême a déterminé toutes les ressources ; toutes les lois de l'imprimerie, la gravure, au lieu de se subordonner, comme en Allemagne, aux progrès du procédé nouveau, a depuis longtemps ici une sûreté et une netteté d'exécution qui manquent encore aux spécimens typographiques. Le Speculum, nous l'avons dit, accuse cette espèce d'anomalie entre l'imperfection matérielle des livres que l'on imprimait en Hollande au XVe siècle et le mérite des planches dont ils étaient ornés. On pourrait proposer d'autres exemples. À quoi bon cependant multiplier les citations et s'appesantir sur les détails ? Nous aurons assez fait si nous avons réussi à mettre en relief quelques traits principaux et à résumer quelque chose des caractères essentiels de l'art primitif. Craignons à notre tour de nous hasarder trop avant sur une pente ou d'autres ont glissé avant nous, et d'entrer, sans le vouloir, en complicité de zèle avec ces investigateurs sans merci dont nous parlions en commençant.

En cherchant d'ailleurs à constater l'ancienneté relative de la gravure sur bois dans l'école néerlandaise, nous avons entendu réserver la question purement archéologique et ne surprendre d'autres origines que les premiers indices du talent. On ne saurait dire que la gravure sur bois, en tant que moyen matériel, ait eu pour point de départ absolu le temps et le pays où travaillaient les élèves des van Eyck. Ce fut sous leur main qu'elle commença de faire ses preuves d'art véritable et de donner ses gages ; mais qui sait depuis combien d'années on la pratiquait en Europe et quelles phases elle avait traversées déjà, à quels usages elle avait été appliquée avant de recevoir cette autorité nouvelle et cette sorte de consécration ? Il faut le répéter, ne fût-ce que pour excuser sur ce point la sobriété de nos aperçus, les savants ont poussé leurs investigations si loin et dans des sens si contraires, on a cru retrouver dans les récits des voyageurs, dans les vieux monuments de la législation ou de l'histoire, tant de preuves à l'appui de chaque système, qu'il serait aussi difficile de récuser tous ces témoignages divers que d'en adopter résolument aucun. L'opinion qui semble avoir prévalu cependant est celle qui attribue aux fabricants de cartes à jouer, sinon la découverte, au moins la première application du procédé en Europe. Bon nombre d'écrivains sont d'accord quant au principe général ; mais qu'il s'agisse de déterminer l'époque des plus anciens essais et de nous dire où ils ont eu lieu, l'entente cesse. Les uns se prononcent en faveur du XIVe siècle et de l'Allemagne, d'autres plaident pour la France, où les cartes étaient connues à la fin du règne de Charles le Bel ; d'autres enfin s'arment d'un passage du *Trattato del governo della famiglia*, ouvrage écrit en 1299, pour revendiquer les droits de l'Italie et supposer par surcroît que les relations commerciales du Japon et de la Chine avec Venise auraient introduit dans cette ville avant toute autre l'usage des cartes et l'art de les fabriquer. Quant à M. Émeric David, intervenu l'un des derniers dans le débat, il prend les choses de plus haut encore, et commence par mettre hors de cause l'Allemagne et les Pays-Bas aussi bien que l'Italie et la France. Que l'on ait joué aux cartes d'abord ici ou là, que même tel, recueil xylographique appartienne aux premières ou aux dernières années du XVe siècle, et qu'il ait été gravé par des Hollandais ou des Allemands, le tout n'a qu'une importance

Henri Delaborde

fort secondaire à ses yeux. On ne saurait, selon lui, voir dans les pièces proposées jusqu'ici comme les plus anciens monuments de la gravure sur bois rien de plus qu'un témoignage de la perpétuité de cet art en Europe. Pour rétablir les vraies origines, le trop savant auteur du *Discours historique sur la Gravure* n'hésite pas à remonter fort au-delà de l'ère chrétienne. Encore même à cette époque, même en Grèce sous les successeurs d'Alexandre, n'aurait-on fait que continuer les traditions des peuples de l'Asie qui, depuis un temps immémorial, imprimaient des tissus au moyen de moules en bois. À Dieu ne plaise que nous essayions de discuter les faits rapportés par M. Émeric David, et que nous songions à nous aventurer à nos propres risques en si docte matière ! Trop de textes empruntés aux philosophes et aux poètes de l'antiquité, aux prophètes et aux docteurs de l'église, semblent prêter secours à cette théorie, d'ailleurs un peu vaste. Le mieux et le plus court est de l'accepter de confiance et d'admettre sur la foi d'Homère et d'Hérodote, d'Ezéchiel et de saint Clément d'Alexandrie, que depuis les âges héroïques jusqu'aux premiers temps du christianisme, on n'a point cessé d'imprimer sur diverses étoffes des ornements taillés dans des planches de bois. À plus forte raison, nous ne marchanderons pas au moyen âge la possession d'un secret populaire depuis tant de siècles. Qu'il nous soit permis seulement d'objecter que de tels faits n'impliquent pas nécessairement, là où ils se sont produits, la connaissance et la pratique d'un procédé plus délicat, que plusieurs siècles ont pu se succéder durant lesquels on imprimait des toiles sans que pour cela l'on songeât à compléter ce moyen industriel, à le faire tourner au profit de l'art. Longtemps avant l'invention de la typographie, on se servait de cachets dont les lettres taillées en relief et enduites de couleur déposaient par la pression leur empreinte sur le papier. Les estampilles au moyen desquelles les écrivains et les miniaturistes traçaient les contours des lettres majuscules dans les manuscrits ne devaient-elles pas aussi, à ce qu'il semble, hâter les derniers progrès et faire naître l'idée d'un perfectionnement fort simple en apparence ? On sait toutefois ce qu'il a fallu d'années et de recherches pour amener ce perfectionnement décisif. Pourquoi l'art de la gravure sur bois n'aurait-il pas, comme l'art typographique, attendu son heure bien au-delà de l'époque où des découvertes analogues auraient dû, si l'on veut, le faire pressentir ? Pourquoi, l'impression tabellaire une fois importée en Europe, ne serait-il pas advenu d'elle ce qui est advenu d'autres procédés aussi ingénieux dans leur principe, aussi bornés dans leur application première ? Le verre par exemple était bien connu des peuples de l'antiquité : combien de temps s'est écoulé néanmoins avant qu'on s'avisât d'en fabriquer des vitres !

Nous avons dit que, suivant une opinion assez généralement accréditée, il faudrait voir dans les cartes à jouer les premiers monuments de la xylographie. Les documents sur lesquels se fonde cette opinion n'ont toutefois qu'une autorité négative. De ce que les chroniques où les cartes sont mentionnées ne disent rien des autres produits de la gravure sur bois, on a conclu que ces produits n'existaient pas encore. Rien de mieux ; mais n'est-il pas permis de se demander si le silence de l'écrivain en pareil cas accuse absolument l'absence du fait ? Ce silence, ne saurait-on l'expliquer par la nature de l'écrit et du sujet à traiter, sujet tout littéraire ou philosophique, et fort indépendant des questions d'art ? En parlant des cartes, soit pour les proscrire formellement, soit pour en restreindre l'usage, les romanciers et les moralistes du XIVe siècle songeaient vraisemblablement assez peu au mode de fabrication : ils prétendaient signaler un vice bien plutôt qu'un procédé industriel. À quel propos dès lors se fussent-ils occupés d'autres œuvres où ce procédé était employé, non-seulement sans danger pour la religion et la morale, mais au contraire en vue de les honorer l'une et l'autre ? Les images pieuses taillées dans le bois par la main des moines ou des artisans pouvaient être répandues à cette époque, bien que les auteurs contemporains aient mentionné les cartes de préférence, et, sans pousser trop loin la liberté des conjectures, il y a lieu de supposer que les graveurs du moyen âge puisèrent d'abord leurs inspirations à la même source que les miniaturistes, les peintres verriers et les sculpteurs. L'art, on le sait de reste, n'était alors que l'expression naïve de la foi, l'effigie de la pensée chrétienne. Comment les tailleurs d'images xylographiques se seraient-ils affranchis de la loi générale, et par quelle étrange exception auraient-ils choisi pour objet de leurs premiers essais un travail si contraire aux mœurs et aux traditions de toutes les écoles ?

Si l'on veut d'ailleurs laisser de côté les témoignages écrits pour consulter les œuvres mêmes de la gravure que le moyen âge nous à transmises, on sera autorisé à dire que les plus anciennes cartes à jouer sont tout au plus contemporaines du *Saint Christophe* et des plus vieilles gravures sur bois connues, puisque ces cartes ne remontent pas au-delà du règne de Charles VII [5]. Que les tarots italiens, allemands ou français aient eu cours avant cette époque, c'est ce que nous ne songeons nullement à nier ; mais aucun d'eux n'ayant survécu, reste à savoir jusqu'à quel point ils représentaient un progrès de l'art, et dans quelle mesure ils pouvaient servir d'exemples aux autres produits xylographiques, si tant est même que la gravure en relief ait été le moyen employé d'abord pour la fabrication de ces tarots, mentionnés çà et là dans les chroniques [6]. Les cartes gravées en France qui sont parvenues jusqu'à nous feraient croire en tout cas que le progrès fut assez lent, car elles trahissent encore une inexpérience presque absolue de la forme, de l'effet, toutes les timidités d'un art à son enfance. C'est ce qu'il faut dire aussi des œuvres de même espèce exécutées en Allemagne, à l'exception des cartes attribuées à un élève du maître de 1466, et d'ailleurs gravées sur métal. En Italie seulement, les cartes, ou plutôt les pièces emblématiques connues à tort ou à raison sous le nom de *giuoco di tarocchi*, acquerront, au point de vue de l'art, une importance véritable, lorsque la gravure en taille-douce aura commencé de remplacer la gravure sur bois. Les artistes initiés par Finiguerra aux secrets du nouveau procédé feront preuve de goût, de fermeté et de finesse, et, dans ces travaux secondaires comme dans les travaux d'un ordre plus élevé, leur talent ouvrira enfin l'ère des progrès sérieux et des découvertes fécondes.

II. — Gravures sur métal

Nous voici parvenus à ce moment décisif où la gravure, riche de nouvelles ressources et pratiquée pour la première fois par des maîtres, va se révéler, à vrai dire, et léguer de sûrs exemples aux générations d'artistes qui suivront. Jusqu'ici, la maigre habileté de quelques graveurs sur bois a résumé seule les débuts de l'art et l'histoire de ses premiers progrès ; plus de progrès douteux maintenant, plus d'efforts interrompus ni d'hésitations d'aucune sorte. À peine le moyen de reproduire par l'impression une planche gravée en creux vient-il d'être, sinon trouvé, au moins consacré par la main de l'orfèvre florentin, que partout les talents surgissent. En Italie et en Allemagne, c'est à qui profitera le mieux et le plus tôt de la découverte. La rivalité s'établit presque immédiatement entre les deux écoles, et quinze ans ne se seront pas écoulés encore, que nous verrons déjà l'art allemand se définir aussi nettement dans les œuvres du maître de 1466 que l'art italien lui-même dans les œuvres des graveurs instruits par Finiguerra. Toutefois, avant de constater cette uniformité de progrès, sauf la diversité radicale des tendances et des styles, il est nécessaire de faire en quelques mots la part de la question historique et de remonter aux origines du procédé, comme nous avons recherché tout à l'heure les origines de la gravure sur bois. Hâtons-nous donc de régler ce dernier compte avec certaines exigences de notre sujet, après quoi on abandonnera, pour n'y plus revenir, le domaine des faits incertains et des hypothèses archéologiques.

On a vu que les procédés imaginés d'abord par un imprimeur hollandais et définitivement améliorés par Gutenberg eurent pour résultat de substituer, en ce qui concerne la parole écrite, un mode de reproduction fécond à l'infini et relativement rapide aux lenteurs et aux ressources limitées du moyen xylographique. La typographie devait anéantir l'usage de l'impression tabellaire et, à plus forte raison, réduire à l'office d'une industrie tout exceptionnelle la calligraphie, qui jusqu'alors avait occupé sans relâche, dans les cloîtres et dans les écoles, tant de mains pieuses ou patientes. L'art d'imprimer les estampes fit à l'art des miniaturistes un tort à peu près semblable. Là furent d'abord de part et d'autre le progrès le plus significatif, et nous ajouterions volontiers l'objet principal des innovations. Peut-être cette double révolution, immense à coup sûr si l'on en considère les effets généraux et l'action sur la civilisation moderne, ne prit-elle, dans l'esprit de ceux qui la tentèrent, que les proportions d'un : simple perfectionnement industriel. Est-ce faire injure à Gutenberg par exemple que de ne pas accepter sans réserve les vastes idées politiques ou philosophiques, les intentions d'affranchissement universel qu'on lui a prêtées quelquefois ? Les visées de l'inventeur de la typographie n'allaient probablement ni si haut, ni si loin. Il ne s'attribuait pas, nous le croyons, d'avance et de parti-pris, ce rôle de bienfaiteur du monde, cet apostolat de l'humanité : il croyait n'être qu'un artisan bien inspiré lorsqu'il se proposait de remplacer par des œuvres moins coûteuses et exécutées en vertu d'un procédé plus expéditif les manuscrits que l'on ne se procurait jusque-là qu'à grands frais et à de longs intervalles. Telle avait été déjà l'ambition des imprimeurs xylographes. Le titre même d'un des premiers livres publiés par eux, la *Bible des Pauvres*, atteste ce désir de mettre à la portée du plus grand nombre une sorte d'équivalent aux exemplaires manuscrits et enluminés que les riches seuls étaient en mesure d'acquérir. Il suffit au reste de jeter les yeux sur les anciens recueils xylographiques pour apprécier le vrai principe de l'entreprise et le caractère qu'on prétendait lui assigner. Partout se manifeste une intention de rivalité avec les œuvres sorties de la plume des scribes ou du pinceau des miniaturistes. Qui sait même ? Peut-être, en conservant à ces produits de l'industrie nouvelle une apparence conforme aux travaux antérieurs, ne voulait-on que spéculer sur le peu de clairvoyance des lecteurs, et songeait-on beaucoup moins à divulguer un secret qu'à propager une illusion. Dans la plupart des livres xylographiques en effet, la première page est entièrement dépourvue d'ornements : point de tête de chapitre, ni de grandes lettres. L'espace, laissé en blanc, semble attendre la main du miniaturiste, comme si le concours de celui-ci importait expressément à l'achèvement de l'œuvre, comme s'il devait compléter la physionomie de ces livres en permettant au regard de les confondre avec les manuscrits. Survint Gutenberg, qui, sans se renfermer aussi étroitement dans les limites de l'imitation calligraphique, ne dédaigna pas cependant de donner le change, au début, sur la nature des procédés qu'il employait. La *Bible* imprimée par lui à Mayence se vendait, dit-on, comme manuscrit : aussi le texte n'est-il accompagné d'aucune explication technique, d'aucune note indiquant soit le nom de l'imprimeur, soit le mode de fabrication. Ce n'est qu'un peu plus, tard, lorsqu'il publie le *Catholicon*, que Gutenberg déclare qu'il a imprimé ce livre « sans le secours du roseau, du style ou de la plume, mais au moyen d'un merveilleux ensemble de poinçons et de matrices. » Encore, dans ce spécimen d'un procédé déjà bien défini et révélé désormais à la foule, les initiales, laissées en blanc au tirage, ont-elles été ajoutées après l'impression du reste et tracées à la plume ou au pinceau : dernier hommage aux anciennes coutumes, dernier souvenir d'exemples qu'on allait dédaigner bientôt pour n'attacher de prix qu'aux œuvres de l'art nouveau, aux produits exclusivement typographiques.

L'inventeur de l'art d'imprimer les estampes gravées en creux ne voulut-il d'abord, comme l'inventeur de la typographie, que mettre à la portée de tous ce qui avait été réservé jusqu'alors à quelques classes favorisées ? La gravure ne parut-elle au début qu'un moyen de déposséder les miniaturistes de leurs privilèges ? On serait tenté de le croire à voir l'empressement avec lequel les graveurs italiens, disciples de Finiguerra, enrichissent des œuvres de leur burin les écrits le plus habituellement commentés par le pinceau. Sandro, Botticelli, Baccio Baldini gravent, celui-ci pour le poème de Dante, celui-là pour des manuels religieux, des vignettes destinées à populariser à la fois le talent des artistes et les textes qui l'ont inspiré. Dès l'année 1465, c'est au nouveau procédé qu'on avait eu recours pour assurer une publicité plus vaste aux calendriers. En un mot, dans tous les cas où la miniature et la calligraphie étaient naguère en usage, l'emploi de la gravure se généralise si vite et si bien, qu'avant la fin du XVe siècle un miniaturiste siennois, Bernardino di Michel Angelo Giagnoni, se lamentant sur son inaction absolue et sur celle de ses confrères, n'hésite déjà plus à désespérer de l'avenir : « Les gens de mon métier, écrit-il, n'ont aucune occasion de travailler. Notre art est détruit, tout le monde n'ayant plus de goût que pour les livres où le talent des miniaturistes n'a que faire [7]. » C'était là un malheur sans doute, mais en supprimant presque complètement l'art de la miniature, art qui durant le moyen âge avait, en France surtout, produit tant de petits chefs-d'œuvre, la gravure inaugurait une période si féconde à d'autres égards, elle fournissait à la pensée humaine des formes d'expression si nettes, des moyens de publicité si sûrs, qu'on devait trouver dans un pareil progrès une compensation suffisante au vide qui allait se faire ailleurs. Notre école en particulier put se consoler de n'avoir plus des Jean Fouquet quand elle eut vu se succéder les Morin, les Audran et tant d'autres savants graveurs. — Mais revenons au moment où l'art en est encore à essayer ses forces, alors que, soit hasard, soit génie, soit enfin simple perfectionnement d'une opération tentée par d'autres mains, un orfèvre de Florence vient de réussir à fixer sur le papier l'empreinte d'une plaque d'argent dont les tailles gravées en creux ont été préalablement remplies de noir.

Nous l'avons dit plus haut, l'honneur principal de Finiguerra n'est pas d'avoir trouvé la solution matérielle du problème. Parmi les Italiens, personne avant lui sans doute ne s'était avisé d'imprimer un ouvrage gravé sur métal, et, dans son pays du moins, il eut ainsi le mérite de l'initiative. Toutefois l'invention du procédé dans le sens littéral et absolu du mot, l'idée de multiplier par l'impression les travaux creusés par le burin n'appartient pas à lui seul, et si, même à l'insu de ce qui se passait ailleurs, il tenta le premier à Florence, il décida cette révolution dans l'art, d'autres à l'étranger l'avaient déjà préparée ; d'autres, pour les besoins de leur métier, s'étaient déjà servis du moyen où il allait trouver, lui, pour le talent, un auxiliaire et une forme d'expression nouvelle. La vraie gloire de Finiguerra consiste dans l'autorité imprévue avec laquelle il détermina ce progrès. La vraie date des commencements de la gravure n'est pas celle qu'on lit ou qu'on devine sur telle feuille de papier plus vieille de quelques années que les nielles florentins, sur tel monument récemment découvert de l'ignorance ou du sauvage bon vouloir de quelque artisan anonyme : elle est et elle doit rester là où l'ont inscrite la main connue d'un artiste et un burin plus éloquent après tout que la plume des antiquaires. Que ceux-ci s'attachent à prouver que la gravure sur métal n'est guère d'invention plus moderne que la gravure sur bois, qu'ils pâlissent, pour démontrer et fait, sur des études fort étrangères à l'esthétique, libre à eux, pourvu toutefois qu'ils ne triomphent pas plus que de raison de nos préjugés, qu'en faisant justice des erreurs où nous avons pu tomber, ils reconnaissent au moins la légitimité de nos préférences, et que, tout en rétablissant de leur mieux l'ordre chronologique, ils distinguent et nous permettent de distinguer entre les mérites des pièces qui le déterminent.

Le livre publié par M. Passavant n'exprime pas suffisamment, à notre avis, cette partialité nécessaire pour les belles œuvres, ou plutôt il a ce défaut de mettre trop complaisamment en vue des œuvres d'un caractère tout contraire. Il semble qu'en écrivant l'histoire des origines de l'art, l'auteur du *Peintre-Graveur* ait voulu tenir compte seulement des faits ou des documents inédits, et que, de peur d'avoir trop peu à nous apprendre, il se soit exagéré à lui-même le nombre des découvertes qu'il lui fallait faire et des preuves nouvelles qu'il devait fournir. Le tout d'ailleurs est-il parfaitement concluant ? Ressort-il toujours des témoignages invoqués par M. Passavant que la pratique de la gravure sur métal remonte aussi loin qu'il l'affirme ? Et, quant à la question de nationalité, l'examen des pièces sur lesquelles il se fonde pour revendiquer les droits de l'Allemagne n'autorise-t-il point au moins quelquefois le doute ? La *Vierge* datée de 1451, par exemple, dont le savant allemand n'hésite pas à faire honneur à son pays, pourrait être attribuée avec tout autant de vraisemblance à l'école des Pays-Bas, qu'elle rappelle par certaines particularités du style. Rien de plus délicat au surplus, rien de plus difficile, en face de ces productions primitives, que de se prononcer avec certitude et de restituer son bien à qui de droit. Peut-être, dans la répartition des essais anonymes de la gravure sur métal, la meilleure part devrait-elle revenir a ceux qui travaillaient là où l'orfèvrerie, la peinture, la xylographie, étaient déjà pratiquées avec une habileté exceptionnelle ; peut-être les graveurs néerlandais placés sous l'influence directe des van Eyck ou des disciples que ceux-ci avaient formés ne laissèrent-ils pas de participer au progrès général de l'art dans leur pays, et transmirent-ils dès le début des leçons et des modèles aux graveurs nés de l'autre côté du Rhin. On serait d'autant mieux autorisé à le penser qu'au bout de peu d'années l'action de l'art des Pays-Bas sur l'art allemand devient manifeste, et que celui-ci, à mesure qu'il se développe, s'inspire plus familièrement des exemples étrangers. Le maître de 1466, le Finiguerra de l'Allemagne, en ce sens qu'il y donne la mesure de ce que pourra la gravure nationale et que, le premier, il s'y comporte en artiste, le maître de 1466 avait étudié de fort près les ouvrages de Roger van der Weyden, puisque deux de ses estampes sont empruntées aux compositions du peintre flamand. Malgré son originalité incontestable et la supériorité de son talent, Martin Schongauer lui-même rappellera toute sa vie, dans ses ouvrages, l'école d'où il est sorti. On le disait récemment avec justesse : « Il tient moins à l'Allemagne qu'à l'école de Bruges, dont il est, comme graveur, le fidèle interprète, et dont il reproduit le caractère avec l'accent d'un maître. Vasari, contemporain d'Albert Dürer et écrivain judicieux, ne s'y trompa pas. Frappé de la similitude du style de Martin avec celui des artistes flamands, il ne désigna jamais le maître de Colmar que sous le nom de Martin d'Anvers [8]. » Or, si les plus habiles parmi les graveurs allemands de la fin du XVe siècle ne dédaignaient pas de se faire ainsi les élèves ou les imitateurs des disciples de van Eyck, on pourrait admettre à plus forte raison qu'avant l'époque où ils parurent les mêmes habitudes d'imitation existaient chez des hommes bien moins qu'eux en mesure de se passer d'un pareil secours. Mettre au compte de l'école flamande les moins défectueuses de ces pièces dont M. Passavant entend doter l'Allemagne, — supposer par surcroît, en s'autorisant de l'état des arts et de l'industrie dans les Pays-Bas dès le commencement du XVe siècle, que les orfèvres flamands, plus experts et plus ingénieux alors que tous les autres, imaginèrent les premiers d'appliquer l'impression à la gravure en creux, soit pour juger de l'effet de leurs travaux avant l'achèvement, soit pour opposer aux produits de la xylographie et de la miniature des produits obtenus par un procédé plus simple ou moins coûteux, — est-ce substituer gratuitement ses conjectures personnelles aux hypothèses d'autrui, et n'y a-t-il pas là quelque chose de plus qu'un pressentiment instinctif ? Mais ne disputons pas là-dessus. Lors même que M. Passavant consentirait à se dessaisir, au profit de l'école des Pays-Bas, de cette *Vierge* de 1451 ou de quelque pièce contemporaine, d'origine allemande suivant lui, il n'en garderait pas moins, pour les besoins de sa cause, un argument sans réplique : — les sept estampes sur la *Passion*, découvertes par M. Renouvier, et dont une, représentant la *Flagellation*, porte le millésime de 1446.

Oui sans doute, voilà qui n'a pas été gravé ailleurs qu'en Allemagne : oui, la plus ancienne gravure sur métal datée appartient a ce pays aussi légitimement que la plus ancienne gravure sur bois, le *saint Christophe* de 1423 ; oui enfin, M. Passavant ne dit rien que d'exact quand il constate que cette *Flagellation* est antérieure de vingt années à la première estampe italienne avec date. Seulement la date inscrite est-elle tout en ceci, et parce que cette sorte de timbre officiel manque aux travaux de Finiguerra par exemple, aura-t-on le droit de les mettre ainsi hors de cause, de ne pas mesurer l'intervalle, non plus de vingt années, mais de six, qui les sépare en réalité des premières estampes allemandes ? Pourquoi d'ailleurs attacher tant de prix à ces rapprochements chronologiques et négliger les termes de comparaison qu'il importerait avant tout de choisir ? Pourquoi en pareille matière n'avoir d'yeux que pour les chiffres, de goût que pour les arguties, de zèle que pour les progrès d'une étroite érudition ? Circonscrire l'étude des origines de la gravure, tantôt dans les limites d'une question de géographie, on dirait presque de clocher, tantôt dans le cercle de l'archéologie pure, c'est matérialiser l'histoire de l'art, ou tout au moins la réduire aux proportions d'une expérience scientifique ; c'est se condamner et condamner les autres à la fatigante besogne de décomposer cette histoire en détails infinis et d'étiqueter un à un jusqu'aux moindres Siemens de l'ensemble, jusqu'aux plus humbles faits partiels.

Passe encore s'il s'agissait seulement d'interroger les vieux monuments de la gravure sur bois, de demander le secret des progrès futurs à ces préliminaires de la gravure sur métal et de la typographie. L'intérêt tout spécial qui s'attache aux perfectionnements successifs du moyen servirait ici de justification ou d'excuse à un examen même un peu minutieux ; mais lorsque les ressources dernières du procédé ont. été une fois fixées et définies, lorsque la découverte de l'art d'imprimer les planches gravées en creux est venue clore la série des épreuves et des recherches techniques, à quoi bon insister sur ce qui n'est même plus une promesse et préférer aux claires informations que le talent pourra nous fournir désormais les renseignements incomplets ou les maladresses obstinées de la pratique ? Maintenant que l'art parle net dans les, œuvres des maîtres, il est au moins inutile d'en écouter ailleurs et d'en traduire encore les bégaiements ; il est injuste d'accepter avec plus d'empressement et d'analyser avec une attention plus scrupuleuse les témoignages issus de bas lieu que les preuves venues d'en haut, de nous cacher ce qui est beau pour ne nous montrer que ce qui est rare. Il est dangereux enfin de s'armer trop résolument des arguments dont les dates séides font l'éloquence, car, si péremptoires qu'ils semblent aujourd'hui, ces arguments recevront peut-être demain tel démenti matériel qui en anéantira tout d'un coup la valeur. On a retrouvé déjà des gravures sur métal datées de 1451 et même de 1446 ; qui empêche qu'on ne réussisse aussi bien à mettre la main sur d'autres pièces plus vieilles de quelques mois ou de quelques années ? Les vérités reconnues sur ce point et proclamées par la science contemporaine peuvent n'être après tout que des vérités passagères, des axiomes provisoires à la merci d'un accident imprévu, d'une découverte nouvelle, et si tout se résume dans une question de millésime, on a bien le droit d'attendre en paix que la chronologie ait dit là-dessus son dernier mot et livré son dernier secret.

Les secrets de l'art n'ont pas de ces atermoiements et ne nous commandent pas cette prudence. Ils se révèlent tout d'abord et avec une autorité sans équivoque dans des œuvres à l'abri des revirements de la science, des défiances de la critique historique, de toutes les modifications que l'archéologie peut faire subir à la tradition ou des faits nouveaux qu'elle peut y ajouter. On aura beau produire des documents inédits, exhumer des pièces et démontrer, preuves en main, que la gravure est d'un usage plus ancien en Europe qu'on ne l'avait cru jusqu'ici : on n'en aura pour cela ni reculé les vraies origines, ni déplacé les premiers titres d'honneur. Aussi est-il permis de s'émouvoir médiocrement de ces découvertes dont on cherche à faire bruit, de ces essais de réforme iconologique pour lesquels les hommes du métier se mettent si fort en frais de zèle et d'érudition. Tant qu'on n'aura rien de mieux à nous montrer que ce qu'on nous montre, tant qu'on n'aura pas retrouvé, — et ce succès est impossible, — parmi les estampes antérieures à la seconde moitié du XVe siècle, l'équivalent en mérite des pièces gravées quelques années plus tard, — Finiguerra et les siens en Italie, le maître de 1466 et Martin Schöngauer en Allemagne, garderont à bon droit la renommée qu'on leur a faite et le rôle qu'on leur attribue. À eux seuls appartient en réalité l'initiative ; d'eux seuls procèdent, dans l'histoire de la gravure, tous les progrès, tous les talents. Avant l'époque où ils parurent, il a pu se rencontrer des ouvriers plus ou moins industrieux pour forger en quelque sorte les instruments de travail et pour en essayer l'usage. C'est vers 1450, à Florence, et un peu plus tard, sur les bords du Rhin, que ces outils sont pour la première fois maniés par des artistes, et qu'une rivalité s'établit entre les deux écoles, non plus pour tirer à soi l'honneur stérile de l'invention, mais pour en développer à l'envi les ressources et en consacrer les résultats.

Le premier en date entre ces chefs d'école et le premier aussi par les caractères du talent, Finiguerra, n'a de commun avec les tristes précurseurs qu'on lui oppose que l'idée de transporter sur le papier les travaux creusés par le burin. Encore, même à ne tenir compte que des conditions matérielles, l'opération tentée par l'orfèvre florentin exigeait-elle une habileté particulière et des moyens d'exécution plus sûrs que les procédés employés déjà en dehors de l'Italie. Lorsque, peu d'années auparavant, le graveur de cette suite de pièces sur *la*

Passion que nous avons citée essayait d'imprimer ses planches, il ne s'agissait pour lui que d'obtenir le *fac-simile* de quelques épais contours, l'image de quelques figures dépourvues de modelé et cernées de traits aussi rudes que les tailles xylographiques. À son grossier ouvrage, un mode d'impression grossier suffisait, et le frotton dont les graveurs sur bois se servaient pour tirer des épreuves pouvait être ici un instrument bien approprié au caractère même du travail et à la lourde simplicité du faire. Il n'en allait pas ainsi des œuvres de Finiguerra. Pour que *la Paix* de Florence produisît une estampe conforme à la délicatesse de chaque détail, pour que cette multitude de petites figures si finement dessinées fussent transcrites avec précision, il fallait soumettre à une pression plus puissante et plus égale le papier en contact avec la planche originale. Finiguerra, dit Vasari, imagina de promener sur l'une et l'autre un rouleau pesant et parfaitement lisse. Si incomplet que fût encore le moyen, en comparaison de l'action de la presse et des procédés de tirage que les derniers perfectionnements de l'imprimerie allaient bientôt populariser, il y avait là néanmoins une amélioration notable et un bon exemple fourni. Est-il besoin d'ajouter que des progrès plus significatifs, des exemples bien autrement utiles devaient ressortir de la publicité donnée à cet excellent ouvrage ? Le style à la fois naturel et choisi, la véracité exquise, l'élévation du sentiment et du goût, toutes ces qualités, florentines par excellence, mais que le ciseau, le pinceau ou le crayon avaient seuls traduites jusqu'alors, devenaient maintenant le lot du burin et la loi nécessaire de la gravure. On sait avec quelle puissante docilité les autres écoles de l'Italie acceptèrent les leçons venues de Florence. À Padoue, à Venise, à Bologne, à Modène, ce fut à qui les mettrait le mieux à profit, et depuis Mantegna jusqu'à Mocetto, depuis Francia jusqu'à Battista del Porto, des graveurs, maîtres à leur tour, continuèrent, à la fin du XVe siècle ou au commencement du XVIIe, ces nobles traditions qui allaient trouver sous la main de Marc-Antoine leur forme souveraine et leur expression achevée.

En Allemagne, l'influence exercée presque simultanément par le maître de 1466 et par Martin Schöngauer n'est ni aussi spontanée dans son principe, ni aussi heureuse dans ses résultats. Nous avons vu que, sauf certaines inclinations toutes nationales, ces deux artistes procèdent assez directement de l'école néerlandaise, et l'on peut dire d'eux qu'en installant l'art dans leur pays, ils ne laissèrent pas de l'étayer de quelques-uns des progrès accomplis déjà dans un pays voisin. Peu importe d'ailleurs. Leur part d'originalité est assez large encore, le progrès qu'ils représentent est assez décisif et l'habileté dont ils font preuve trop nouvelle là où elle se manifeste pour qu'on hésite à saluer du titre qui leur appartient les deux fondateurs de l'école allemande. Seulement le sol qu'ils ensemençaient n'avait pas, comme la terre d'Italie, le privilège des moissons faciles, le don de produire sans effort, sans préparation, pour ainsi dire. Les talents qui y germèrent gardent, même dans leur entier développement, une physionomie contrainte, quelque chose d'artificiel, de travaillé outre mesure, de péniblement voulu. On a coutume de vanter la naïveté des anciens maîtres allemands : j'ignore ce qui a pu donner lieu à une pareille méprise. Rien de moins ingénu assurément que leurs habitudes d'esprit systématiques, leur goût pour l'extrême analyse, leur style surchargé ou se morcelant en détails pittoresques fouillés jusqu'à l'usure complète de l'outil. Les descendants du maître de 1466 et de Martin Schöngauer, plus Allemands en ce sens et plus étroitement inspirés que n'avaient été les chefs de la race, se vouèrent sans réserve à l'étude des formes partielles, au culte des bizarreries, des laideurs même que présente la réalité ; mais ils poursuivirent cette étude avec une constance si infatigable, ils mirent tant de probité au service de cette ingrate entreprise, qu'ils arrivèrent presque à expier les erreurs de l'intention à force de sincérité dans l'expression et de précision dans la pratique. Certes les graveurs de la Franconie et de la Saxe, prédécesseurs ou contemporains d'Albert Dürer, et Albert Dürer à son tour, portent d'étranges défis au goût, au sentiment du beau tel que l'ont développé en nous les traditions de la Grèce et de l'Italie. Ne leur demandez pas, même en face des modèles les plus vulgaires, cette sobriété dans l'imitation, ces accommodements avec le fait que les vieux maîtres des Pays-Bas, et Lucas de Leyde à leur exemple, ont su allier à un amour curieux, à la passion de la vérité. Ils ne savent, eux, ou ils ne veulent que reproduire avec une impitoyable rigueur tout ce que leurs yeux ont aperçu. Et cependant, malgré ces excès d'imitation littérale, malgré ce parti-pris de ne rien omettre, de ne rien atténuer même des défauts ou des franches difformités qu'ils rencontrent dans la nature, les peintres-graveurs allemands laissent pressentir dans leurs travaux une sorte d'idéal qui en explique et, jusqu'à un certain point, en justifie l'âpreté : idéal un peu farouche, compliqué comme les formes employées pour le traduire, mais dont on ne saurait méconnaître au fond ni le charme singulier, ni le prix. Sans parler de la rare énergie de pensée qu'attestent certaines compositions, il y a dans l'exécution même, dans la secrète hardiesse avec laquelle chaque détail est compris et rendu, quelque chose de supérieur à l'habileté de la main et de vraiment digne de l'art. C'est ce mélange d'opiniâtreté et de verve, c'est cette science à la fois audacieuse et patiente qui caractérisent les œuvres de l'ancienne école allemande et leur assurent une importance considérable dans l'histoire des premiers progrès de la gravure.

Nous n'avons pas à parler ici des travaux et des maîtres appartenant à notre pays. Venue la dernière et n'ayant commencé à prendre rang parmi les grandes écoles de gravure qu'à partir de la seconde moitié du règne de François Ier, notre école a des origines relativement modernes et, au début, une physionomie d'emprunt. Lorsque Jean Duvet, Etienne de Laulne et les graveurs qui s'étaient formés auprès des peintres de Fontainebleau introduisaient l'art en France, ils prétendaient surtout y propager le goût et les traditions de la manière italienne. Tout change, il est vrai, dans le siècle suivant. En s'inspirant encore, en s'aidant des exemples étrangers, Pesne, Gérard Audran, Morin, Nanteuil et bien d'autres sauront aussi faire acte d'indépendance. Traitées par eux avec une habileté incomparable, la gravure d'histoire et la gravure de portrait exprimeront cette harmonie de toutes les qualités, cette haute raison pittoresque, qui constituent l'originalité de l'art français, et qu'on retrouve encore aujourd'hui dans les œuvres de quelques talents d'élite, héritiers d'une tradition au-dessus des contrefaçons mécaniques et de l'exactitude mensongère de la photographie... Mais il est temps de nous arrêter et de résumer en quelques mots la pensée de cette étude.

Les origines de la gravure recherchées, suivant les procédés actuels de la critique, non dans les œuvres où l'art s'annonce et déjà se formule, mais dans celles où l'on ne peut reconnaître qu'un commencement d'expérience matérielle, un essai timide du moyen, appartiennent à cet ordre de questions strictement archéologiques qui, une fois approfondies, doivent être résolues en termes succincts. Nous donner la nomenclature de toutes les pièces qui présagent bien moins qu'elles ne rendent désirable la venue prochaine des talents, ne nous faire grâce, dans cette période des tâtonnements grossiers, ni de la plus informe esquisse, ni d'une conjecture sur sa provenance, ce n'est pas seulement abuser de certaines facultés personnelles ; c'est aussi courir le risque de rebuter notre attention et de nous ôter bientôt toute envie d'apprendre. Plus d'un ouvrage sur l'histoire de l'art publié à l'étranger a ce double défaut, plus d'un même en France, se ressent de cette manie toute moderne de s'appesantir sur les détails techniques, de scruter longuement les moindres faits, d'exagérer le prix des plus minces découvertes. Et ce n'est pas uniquement en ce

II. — Gravures sur métal

qui concerne la gravure qu'on sacrifie ainsi le principal à l'accessoire et l'étude féconde à une stérile curiosité : le mal sévit dans une sphère plus haute, il n'épargne pas même les travaux les plus imposants de l'ébauchoir et du pinceau.

On a reproché parfois à la critique française en matière d'art ses habitudes, avant tout littéraires, ses entraînements idéalistes, sa promptitude à l'enthousiasme. De nos jours, hélas ! elle n'a accepté le reproche qu'avec trop de docilité. Le temps est bien passé pour elle de la passion et des caprices, des visées philosophiques ou des gaietés de style familières à la plume de Diderot. Elle s'est prise d'une telle dévotion pour les faits qu'elle n'a rien de plus à cœur que d'en dresser tout au long l'inventaire, d'une telle défiance de l'esthétique qu'elle s'accommode et se cantonne dans le domaine de la paléographie. Combien d'écrivains qui, pour nous révéler l'art d'une époque ou le talent d'un maître, s'inquiètent surtout de l'orthographe de chaque nom, sauf à la rétablir avec une exactitude si scrupuleuse que nous ne saurons plus reconnaître les gloires même les plus populaires sous ce signalement inusité ! Combien s'en vont sans relâche fouiller les bibliothèques, transcrivent des documents biographiques d'un intérêt souvent douteux, et regardent à peine les tableaux ou les morceaux de sculpture qu'ils devraient interroger de préférence à tout le reste ! Les regardent-ils par moments, c'est bien moins afin d'en pénétrer l'esprit que pour en mesurer au juste les dimensions, pour y décomposer un monogramme, pour promener la loupe sur d'imperceptibles avaries. À leurs yeux d'ailleurs, l'essentiel n'est pas là. Ce qu'il importe encore plus de savoir et de nous apprendre, c'est le nom du premier possesseur, c'est la date et le prix des acquisitions successives, c'est en un mot l'odyssée commerciale de ces œuvres du génie ou du talent. Nous ne faisons pas fi sans doute de pareils renseignements ; ils peuvent avoir leur utilité, particulièrement dans notre pays, où notre longue indifférence pour l'art national a laissé bien des lacunes historiques à combler. Il ne faudrait pas toutefois que la réaction contre nos négligences passées aboutît à la victoire d'un esprit d'ordre fastidieux et d'aride classification ; il ne faudrait pas que chez la nation la mieux façonnée à toutes les jouissances du goût on arrivât, de réforme en réforme, à supprimer à peu près le goût et sa fonction pour y substituer le culte absolu des vérités qui s'enregistrent et je ne sais quel besoin germanique des laisser-passer de la science là où nous sommes autorisés de reste par le bon sens gaulois et nos instincts.

Le moment nous semble donc venu où cette manie archéologique devrait se modérer un peu. Assez de documents ignorés ont été remis en lumière, assez de petits artistes inédits ont été retrouvés et produits, assez de petits faits transformés en gros événements ! Qu'on nous parle maintenant des maîtres et de leurs doctrines, des grands modèles et de leurs beautés ! N'est-il pas bien temps, par exemple, d'opposer une digue à ce torrent de renseignements sur les peintres du XVIIIe siècle qui, depuis quelques années, envahit le champ de l'art et de la critique ? Tant qu'il s'agissait de restituer la part d'honneur qui leur est due à Watteau, à Chardin, à quelques autres artistes injustement dédaignés par nos pères, le zèle des recherches était légitime et le mouvement de retour opportun ; mais on est allé en ce sens si fort au-delà du nécessaire, on a recueilli tant de pièces relatives à la vie des moindres peintres de dessus de portes ou d'éventails, que l'histoire de cette époque s'en trouve aujourd'hui comme encombrée. Pour y rétablir un peu d'ordre, il faudrait commencer par perdre soigneusement le souvenir d'une bonne moitié de ce que nous en avons appris. Peut-être, en ce qui regarde le XVIIIe siècle, l'abus tire-t-il de lui-même à sa fin ; peut-être tout ce qu'on nous a dit, tout ce qu'on nous a montré, tout ce qu'on a écrit sur ce chapitre, aura-t-il pour résultat prochain une juste satiété. Malheureusement les choses ne paraissent pas ailleurs aussi avancées. On dirait au contraire que la méthode renouvelée des écrivains allemands réussit à se faire accepter parmi nous comme un progrès, bien qu'elle ne tende en réalité qu'à discréditer le sentiment de l'art au profit d'une science oiseuse. Puisse cette triste mode passer vite et sans retour ! Puissions-nous comprendre, une fois pour toutes, que la différence est grande et la part d'utilité fort inégale entre une certaine archéologie, qui ne fait que poser les questions, et la critique, qui sait les résoudre ! À celle-ci le droit et le pouvoir de parler un langage définitif, parce qu'elle s'exprime au nom des principes, de nous animer à l'amour du beau, de solliciter ou de confirmer notre foi ; à celle-là l'office de réunir les éléments de conviction accessoires, et d'ajouter aux preuves morales les témoignages tirés de la succession matérielle des choses. En se maintenant dans cette sphère d'action légitime, l'archéologie pourra servir à sa manière la cause défendue ailleurs avec plus d'autorité encore et d'à-propos. En prétendant, comme elle semble en avoir l'ambition aujourd'hui, usurper une autre importance et s'élever à d'autres fonctions, elle ne réussira qu'à rencontrer aussi bien un froid accueil pour ses travaux que l'indifférence pour l'art lui-même. Quelle fantaisie nous prend, au surplus, d'emprunter à l'étranger des exemples, quand nous pouvons trouver si facilement

II. — Gravures sur métal

auprès de nous de meilleurs modèles et de plus sûres leçons ? On sait avec quelle supériorité la critique d'art a été traitée en France depuis trente ans, et quels démentis certains talents bien inspirés donnent encore à cette méthode d'appréciation étroite, à cette littérature de procès-verbal. Ce sont là les maîtres qu'il faut suivre, c'est dans le sens de leurs virils efforts qu'il convient à la critique d'agir et de marcher, au lieu de s'arrêter gravement à des puérilités, au lieu d'étouffer l'émotion sous le système, et d'arriver, pour toute conquête, à la possession de ce singulier privilège de nous imposer une fatigue en parlant de ce qui doit nous charmer.

Notes

1.   Papillon, Traité de la Gravure sur bois, 1766.

2.   On sait qu'il est d'usage de désigner ainsi les traités sur la syntaxe latine d'ÆElius Donatus, grammairien du IVe siècle. Ces traités étaient fort répandus au moyen âge dans les universités et dans les écoles.

3.   M. Pacile, dans son Essai, cite, en faveur des Hollandais, plusieurs passages d'écrits antérieurs à la publication du livre de Junius. Néanmoins, comme ces citations n'ont trait qu'au fait général de l'invention, tandis que le récit très circonstancié de Junius nous donne l'historique des procédés successivement mis en usage par l'inventeur et le titre du premier ouvrage que celui-ci imprima, il semble naturel d'attribuer à un pareil témoignage une importance exceptionnelle et de l'invoquer de préférence à tout autre.

4.   Tel est du moins l'avis d'Ottley en ce qui concerne la Bible des Pauvres, livre à figures xylographiques dont les origines ont été fort diversement appréciées par les iconographes, et que beaucoup d'entre eux regardent comme antérieur même à la première édition du Speculum. Suivant sa coutume, Heinecke réclame pour l'Allemagne l'honneur d'avoir produit ce précieux recueil, qu'Ottley, avec plus de raison, a ce qu'il semble, croit l'œuvre d'un artiste des Pays-Bas qui aurait travaillé vers l'an 1420. L'Allemagne serait en droit de revendiquer seulement les planches ajoutées dans les éditions allemandes que l'on publia quarante ans plus tard, planches dont Ottley a constaté le caractère inférieur. An inquiry into the origin and early history of engraving, t. Ier.)

5.   Nous ne parlons ici, bien entendu, que des cartes gravées et imprimées. Les célèbres cartes dites de Charles VI que possède

la Bibliothèque impériale sont exécutées au pinceau comme les miniatures des manuscrits, et enrichies de gauffrures d'or et d'argent où l'artiste a pointillé des ornements. Ces cartes, antérieures a toutes celles que l'on conserve dans les collections publiques, méritent d'être étudiées comme un précieux spécimen du goût et de l'art français au commencement du XVe siècle ; mais dans la question spéciale qui nous occupe, elles n'ont pas de renseignements à nous fournir.

6.   Le doute est en effet bien permis sur ce point, et l'on aurait même quelque droit de penser que la gravure en relief n'intervint dans la fabrication des cartes à jouer qu'à titre de perfectionnement. On ne saurait admettre, il est vrai, que la peinture seule ait pu tout défrayer et satisfaire au vœu de tous les acheteurs. Les procédés longs et coûteux de l'art n'auraient pas suffi pour créer cette popularité que les cartes avaient acquise vers la fin du XIVe siècle, comme l'attestent plusieurs édits prohibitifs et les fréquentes réprimandes adressées aux joueurs par les prédicateurs du temps. Il fallait donc que quelque procédé moins dispendieux et plus expéditif fût dès lors en usage. Toutefois où trouver la preuve qu'il s'agit déjà de la gravure sur bois ? Ne pouvait-on, en attendant mieux, se servir de patrons découpés analogues à ceux qu'employaient parfois les calligraphes, et la méthode usitée encore aujourd'hui pour le coloriage des cartes ne semble-t-elle pas une sorte de ressouvenir du mode d'exécution primitif ?

7.   Gayo, Carteggio inedito d'artisti, tome Ier.

8.   Martin Schöngauer, peintre et graveur du quinzième siècle, par M. Emile Galichon.

II. — Gravures sur métal

ISBN : 978-1547264827